Made in the USA
Las Vegas, NV
21 December 2021

39108724R00063